程莘农学术评传

张镜源◎主编

中华中医昆仑

中国盲文出版社

图书在版编目（CIP）数据

程莘农学术评传（大字版）/ 张镜源主编. —北京：中国盲文出版社，2015.12
（中华中医昆仑）
ISBN 978-7-5002-6881-9

Ⅰ.①程… Ⅱ.①张… Ⅲ.①程莘农（1921～2015）—评传 Ⅳ.①K826.2

中国版本图书馆 CIP 数据核字（2015）第 317113 号

程莘农学术评传

主　　编：张镜源
责任编辑：亢　淼
出版发行：中国盲文出版社
社　　址：北京市西城区太平街甲 6 号
邮政编码：100050
印　　刷：北京华联印刷有限公司
经　　销：新华书店
开　　本：700×1000　1/16
字　　数：42 千字
印　　张：6.5
版　　次：2015 年 12 月第 1 版　2015 年 12 月第 1 次印刷
书　　号：ISBN 978-7-5002-6881-9/K·485
定　　价：12.00 元
销售服务热线：（010）83190297　83190289　83190292

丛书编委会

前　言

中医药是中华民族的伟大创造，是世界医学宝库中的夺目瑰宝，数千年来为中华民族的繁衍昌盛作出了巨大的不可磨灭的贡献，至今仍是中国医药卫生事业不可分割的重要组成部分，在维护民族体魄康健、促进经济社会发展中发挥着不可替代的作用。

中医药学，是中华传统文化和科技文明的结晶，是勤劳聪慧的中华儿女在几千年生产生活实践中，在与疾病作斗争的过程中，创造的独具特色的医学科学体系。它有着浓郁的民族特色、深厚的文化底蕴和丰富的哲学内涵。经过一代又一代中医药传人、一辈又一辈名医大家的实践探索、薪火传承、总结完善、创新发展，逐步形成了系统的理论体系、独特的诊疗方法、丰富的医学内容、实用的制药技术。具有疗效确切、用药安全、应诊灵活、普适简廉和预防保健作用显著的巨大优势，在世界医学之林独树一帜，为人类的文明进步与医疗保健事业，已经并正在作出积极的贡献。

为了弘扬中华民族传统文化，彰显中医药学家的丰功伟绩，当代中医药发展研究中心与中国文学艺术界联合会、国家中医药管理局新闻办公室、中华中医药学会、中国中医科学院、北京中医药大学、世界中医药学会联合会等精诚合作，在国家中医药管理局的支持和指导下，为中华近现代百年来贡献卓著、深受敬仰的150位中医药学家，编撰出版了这部大型传记丛书。丛书采用评传体裁，记载他们的生平事迹、医术专长、学术思想、传承教育、医风医德、养生之道和突出贡献，使这些宝贵的医学成就和精神财富发扬光大，千古流芳。

丛书取名《中华中医昆仑》。昆仑山，被尊为“万山之祖”，柱西北而瞰东南，立中国而凭世界，凌驾乾坤，巍然屹立。以其高峻豪迈、绵延起伏的磅礴气势，寓意中华中医药学历史悠久、博大精深和永不衰竭；以其挺拔雄伟、高耸入云的恢弘气魄，彪炳一代中医药学家的丰功伟绩、杰出贡献和不朽勋业。

丛书入选传主，从全国范围推荐遴选，遍及中医药界各个领域。有临床家、理论家、药学家、教育家、医史文献学家；有名师亲授、世医家教、学派传人、院校毕业和自学成才者；有师徒并驾、父子齐名和伉俪联袂者。他们学术造诣深厚、诊疗技术精湛、临床经验丰富、学科地位崇高、科研成果丰硕、医风医德高尚、国内外影响较大，从医学理论到临床实践，为中医药事业的传承和发展作出了突出贡献，是近现代百年来中华中医药界的杰出代表。

丛书的出版，对于弘扬中华文化，振兴中医药事业，造就中医药人才，普及中医药知识，具有重要的现实意义和深远的历史意义。这是一项开创性工作，填补了我国为著名中医药学家大规模撰写传记的空白；也是一项抢救性工作，因入选传主已仙逝过半，许多亲历、亲见、亲闻的史料日见散逸，将之收集整理、编撰成书，功垂后世、利国利民；更是一项承前启后的工作，总结传主经验，传承中医药伟业，继往开来，光耀世界医学之林。这部医文结合，富蕴历史性、学术性、文学性和实用性的鸿篇巨制，对医疗、卫生、科研、教育及全球关注中华中医药文化的各界人士，都有重要的参考和阅读价值。

丛书的编撰出版，是一项巨大的中医药文

化建设工程，在策划、撰写、编辑、出版过程中，自始至终得到了国家有关领导、政府部门及社会各界人士的关心和支持。国家中医药管理局高度重视，并组织专家对全书进行终审；数百名专家、学者亲临指导，参与规划；有关省、市、自治区卫生厅、局、中医局（处）给予大力帮助；传主及其亲属、弟子热情支持、密切配合；撰稿人深情满怀、辛勤笔耕；编审专家尽心竭力、精工细琢；关爱中医药事业的企业家热心公益、慷慨资助；全体工作人员不辞辛劳、无私奉献，这一切使丛书得以顺利出版。对此，我们深表谢意。

由于时间紧迫和资料搜集困难，加之水平有限，难免有疏误之处，敬请广大读者批评指正。

中华中医药学，历史悠久，源远流长，发端于远古，奔向于未来。百年对于历史，不过是短暂的瞬间；百人对于万众，不过是沧海一粟。然本丛书所记载的百年百人，则无疑是波澜壮阔的中医药发展史上辉煌的篇章和光芒闪烁的璀璨星辰。

张镜源

目录

针灸应该站在中医的最前面，因为它是人类最早的治疗方法。

——程莘农

清晨，北京，中国中医科学院，一位清瘦而稳健的老者，随着拐杖拄在地上的“笃笃”声走向喷薄欲出的朝阳，几十年如一日，无论雨雪风霜，都阻止不了他固执倔强、始终如一的步伐。他走近了，清癯的面庞透着一种坚毅，执著的目光里满是急切和责任，下颌蓄着一绺“山羊胡”，随着他不停念叨而抖动着。尽管岁月压驼了他的背，但从他蹒跚的脚步中我们看到了锲而不舍的坚定，看到了永不退缩的力量。70多年的从医之路宛如他身后蜿蜒的林间石板小路，曲折漫长，但始终通向初升的太阳。他，就是博士研究生和师带徒导师，中国首批工程院院士，著名针灸学家，享受国务院政府特殊津贴，现任中国中医科学院资深研究员，国家攀登计划之一“经络的研究”项目首席科学家，获得世界文化理事会颁发的“阿尔伯特·爱因斯坦世界科学奖”的程莘农教授。

程莘农70年如一日，在从事中医内、妇科和针灸等医疗过程中，积累了丰富的教学、临床、科研经验；对中医温热病舌诊有较深的研究；在针灸基础理论研究、针灸选穴、针刺手法等方面都有独到的见解。他钻研古籍，博采众长，勤于临证，主张实践与理论并重，对《黄帝内经》、《难经》等古代中医典籍进行研究，写出《难经语释》、《难经概述》等论著。主编了《简明针灸学》、《中国针灸学》(中英文版)、《针灸精义》(印度印行，英文版)、《针灸疗法》等十几种论著。在针灸临证时他重视辨证论治，贯彻理、法、方、穴、术的统一性，针刺手法高超独特，用药选穴都是在中医学基础理论指导下进行的，认为穴位和中药的作用常有异曲同工之妙。他在中医针灸理论与实践的结合上独树一帜。同时，他也是一位多才多艺的老人，能书善写，是中央文史研究馆馆员。

程莘农，一位拄着拐杖仍矢志不渝地在中医针灸学领域奋力攀登高峰的老人，一位把中医国粹视为生命的性情倔强、意志坚强的著名学者。他用高超医术福荫桑梓，普善医德惠泽万家，奇妙银针在他手上幻化出的炫光异彩，令世界惊叹。作为中国针灸国际培训事业的开拓者，岐黄瑰宝的博大精深通过他浓郁的苏北口音传向世界。在针灸医学世界普遍推广应用的影响下，1997 年 11 月，美国国立卫生研究院举行了针灸听证会，有 44 个州和哥伦比亚特区专门为针灸立法，针灸成为最深邃、最神秘、最奇妙的中华神话。程莘农殚精竭虑，为中国针灸事业作出了卓越贡献，在中医发展的史册上留下了浓重的一笔。

集贤巷里诞“麒麟”
悬壶济世慰众生

江苏淮阴有一小镇，名曰集贤巷。此地风光迤逦，人杰地灵。在镇上有一书香门第的程姓人家，高祖程师杰、曾祖程大镛，均系一代名儒。程家先祖与中国历史上程朱理学的奠基者，宋代理学的创始人程颢、程颐二人颇有渊源，明末清初程氏这一支由安徽歙县迁至江苏淮阴，家中 10 代出了 27 个秀才。叔祖程振云是当地出了名的举人，父亲程序生为清朝末期最后一次的科举秀才，他多文为富，荫及乡里，开办私塾，墨香四溢，当时淮阴及苏北重镇的许多士绅名流多出自程家门下。

1921 年 8 月，夏末的一个早晨，集贤巷程家庭院一声响亮的婴儿啼哭，给家人带来了莫大欢喜。按照出生的时辰和当地民俗，这个男婴是“麒麟贵子”，门前庆贺的唢呐悠扬、鞭炮声声，使得程家像过年一样快乐。父亲程序生50得子，斟酌良久，给儿子起了一个十分典雅的名字“莘农”，其谐音“兴隆”，寓意程家“香火”之延续。

按照家规，程莘农6岁便开始接受启蒙教育，父亲任儿子的第一位老师，倾注了大量的心血和汗水，除教授“四书五经”等国学外，还严厉要求年仅6岁的程莘农悬臂端肘，苦练书法。程序生为使家学有承，成就栋梁，不惜重金聘请各路名师点化。当时西学渐进，送子女到国外留学是许多开明士绅的愿望，程序生也不例外，他想把聪明伶俐的小莘农培养成学贯中西的有用之材。然而世事无常，1928年，乡间流行痢疾，许多乡亲因缺医少药相继染病而死，短短几天时间，荒野上一下子堆起了无数的新坟，百姓束手无策之时，一些巫婆神汉借机狂敛不义之财。见此情景，程序生领悟到，不为良相，便为良医。世道太乱，医生不仅可以救治苍生，还可以福门养家。自己年岁大了，唯一的儿子若是习医，也能有人在家门口为自己善身送终。经过几天慎重考虑，他对小莘农说："你以后还是学医，当一名祛病除疾的郎中吧！"望着父亲凝重、严肃的面容，小莘农似懂非懂地点了点头。程莘农 11 岁那年，父亲便开始教他读《黄帝内经》、《医学三字经》、《药性赋》、《地道药材歌》、《临证方剂谣》等中医著作和一些当地的中医要诀。随父亲诵读，相对于"四书五经"，年幼的程莘农反倒觉得医学书更有趣味，更容易学，因此读得兴味盎然。从此，程莘农走上了学医之路。

据程莘农回忆，对他一生影响较大的有两个人，其中一个自然是父亲程序生，另外一位是温病大家陆慕韩。陆慕韩的父亲是陆耀堂，陆家三世均以治疗温病著称一方。16 岁那年，程父欲将程莘农送往陆慕韩门下入室学徒，但陆慕韩因之前三个徒弟均早夭，甚感与授徒无缘，便无意再收弟子，已关山门，拒不收徒。程父辗转找到与陆家相熟的一位老和尚相托此事。老和尚从陆家回来后带回的消息是：陆慕韩表示，如果再收徒弟，不但要收昂贵学费，而且还要另收高额拜师费，若觉得无法接受，就不要再提此事。面对这种态度，程父表示只要能让儿子拜师学医，一切照办。就这样，在陆慕韩本无意收徒的情况下，是父亲的坚定和执著，使未成年的程莘农被陆慕韩破例收下了。

不料想，这个年纪尚幼的徒儿竟能将《黄帝内经》背得滚瓜烂熟，又兼有一手好字，双目灵秀，出语不凡，陆慕韩连连称道：“孺子可教！未来将知徒名而未知师名者，此小儿也！”此后，陆慕韩对这位小后生，倾力而教，尽授绝技。每每出诊，他连自己的儿子也不愿意带，却总是带着程莘农一起去，因为这个弟子不但头脑聪明，而且脚底勤快，跑得也快。在出诊中陆慕韩诊断过病情后口述方子，由程莘农在一旁写下。一般情况下他并不说药量，而是要徒弟自己写，写对了，就点头称许，如果写得不对，便会指出来，让其自行修正。门诊结束，师傅规定出晚课，习某某篇章，第二天就会对该方面提出问题，借以督促学生习而学之。三年半的时间过去了，程莘农在陆慕韩的精心栽培下，打下了扎实的中医基本功，同时还继承了陆慕韩在温病、内科、妇科等杂病方面的丰富经验。陆慕韩看病注重舌诊，观舌断其病势，预后十分灵验，擅长看时令病，疗效很好，有“决人生死”的本领，著有《验舌辨证歌括》一卷，后经程莘农整理为《养春草堂方案偶存》。

医德思想，在中医起源时就已萌发，几千年来伴随着中医学的发展不断丰富。从“神农尝百草之滋味，水泉之甘苦，令民知所避就，一日而遇七十毒”，到“疏五过”、“征四失”、“大医精诚”、医家“五戒十要”等等，无不体现着医德思想。历史上凡可冠以医学名家者，亦多堪称仁人之师。陆慕韩便是其一，他秉性耿直，集医术、医德、医理于一身，以人命为重，看病不问贵贱，不图银两，博施济众。常以“夫医者，非仁爱不可托也，非聪明理达，不可任也，非廉洁淳良，不可信也”育于后学。长期以来的耳濡目染，程莘农仿恩师习性，临证笃于情，贫贱不轻视，凡人有难，所求必应。陆慕韩见此徒弟已具备良医素质，便放手让他独立开方。师徒时而相随应诊，时而谈文论医，时而切磋书法，特别是每每遇到疑难症奇迹般地治愈，更是无比欣喜。师徒二人度过了人生中的一段美好时光。

然而好景不长，陆慕韩身为一代名医却生不逢时。抗日战争爆发后，淮阴沦陷，老百姓饱受战乱之苦，陆、程师徒二人亦未能幸免。程莘农随师避难到淮安石塘普应寺一处住房。过了些日子，妻离子散的陆慕韩思乡心切，程莘农不忍看老人备受离别之苦，便东借西凑些盘缠，陪老师悄悄回乡探望。不料，家园已是一片废墟，乡邻各奔东西，瓦稀烟少，陆慕韩经不住满目疮痍的刺激，一病不起，不久便忧愤而逝。

程莘农从悲痛中鼓起勇气，不畏艰难，决心沿袭恩师的医途铭训，为一方百姓治病排忧。1939 年，年仅 20 岁的程莘农以自己的名字独立挂牌行医。由于程氏诊疗套路颇似陆慕韩，遣方用药亦与陆慕韩八九不离十，故熟悉陆慕韩治病的病人惊呼道："怪哩，陆老显灵了!"此后，程莘农信心倍增，集贤巷程家便又多一帧"程氏医室"的匾牌，四邻好友又合送一匾，上书"陆老夫子授程莘农先生医道"12 字，端端正正挂在程宅堂屋。程莘农挂牌行医后不久，渐有名气，每日问医者少亦有二三十人，一时人称“小程先生”。

有一叫张石逸的学长，曾拜过程父学文，此人恃才傲物，看不起程莘农的医术。巧的是他一日罹疾，苦不堪忍，程莘农诊病两次，四剂药便愈。张石逸为昔日的轻视感到惭愧，提笔留下六个大字“居然回春之效”，尽显“小程先生”悬壶济世的“功力”。

程莘农在父亲程序生、名医陆慕韩的熏陶点教下，加之自身的努力，终于成了程家第一位艺承家学、医文同源的小才子。1948 年，他获得民国考试院中医师证书。那个时代的中国，三教九流中，医门地位仅次于法律行道，算是上九流。仿效扬州八怪之一的郑板桥自制印章“七品耳”，程莘农请人刻一方印章“一医流耳”聊以自慰。程莘农对这枚图章非常珍爱，终生收藏，每有得意之作，他都会郑重地用上它。个人的努力加之老师的名气和家族的声望，使程莘农业医的起点高于常人，一出道就被吸收入中医师公会，并担任了清江市（淮阴）卫生工作者协会秘书股股长，这是他担任社会工作之始。

易门针灸辟新路
著书立说谱华章

20 世纪 50 年代初，程莘农医技日趋成熟，临证开方驾轻就熟。由于他医术精湛，医德堪佳，又有过专业行政工作经验，被任命为清江专区卫生院的保健干事，但他心中念念不忘中医事业，于是向领导提出要继续从事中医、继续学习的要求。为了解现代医学的知识体系，他于 1953 年参加了清河市中西医进修班。在进修期间，他对解剖学、细胞学、病理学和神经内科等学科进行了深入的研修，并把现代医学的原理与自己多年中医诊病的实践相结合，提出了“人的神经系统与经络之关系”学术观点，是中西医结合学术思想较早的发起者之一，也为他将来进行经络学的科学研究奠定了基础。

1955年3月13日，“江苏省中医进修学校”在南京市朱雀路邀贵井14号举行了学校成立大会暨第一期中医进修班、针灸专修班开学典礼。程莘农知道这个消息时，第一批中医进修班的60名中医已经选拔完毕。求学心切的程莘农要求补上自己的名字，于是学校将包括政治、中医基础、方剂、中药等在内的试卷寄往江阴市卫生院对其进行单独考试。对这一段历史，程莘农记忆犹新，他回忆说：“那天我刚下班，院长就推门进来通知我晚上加班考试。”就这样，在没任何准备的情况下，他只用了一个晚上便答完了所有试卷，被录取为第六十一名学员。据说阅卷的老师在看过他的答题后，曾拍案叫绝：“想不到苏北还有这等人才！”江苏省中医进修学校（现南京中医药大学），也是中华人民共和国中医教育事业的摇篮，20世纪50年代建校之初，该校就在中国科学院首批学部委员（院士）、校长承淡安及副校长叶橘泉等的精心组织下，为我国中医药高等教育编写了第一套教材，促进了我国中医药教育由传统的师承教育向现代学院式教育转变。承淡安先生是我国早期的针灸名家，为加强针灸教学力量，邀请了江南针灸名师李春熙、孙晏如等专家来校执教。当时学校的学员都是从各地区选拔出来的尖子，当代中医药界不少一流专家都出自他们中间。

20 世纪 50 年代中期，我国的中医教育条件很差，没有现成的教材，校舍不足，师生们生活艰苦。当时的江苏省中医进修学校，教师与学员都非常努力敬业，亦学亦教亦研。学校根据具体情况，分内科、针灸两大教研组。开始程莘农作为优秀生担任了学生小组的组长，仅通过半年的学习便由学生转为老师，并担任针灸学科教研组组长和巡回教学组组长，负责南京市及各县市 100 余名针灸医师的进修学习，足迹遍及江苏省 8 个专区 20 个县。程莘农最初随老师学的是中医方药，对针灸涉猎不多，当得知校方指派他做针灸组的组长时，他大感意外，因为按照当时的观念，西医看不起中医，而开药方的中医又看不起针灸，针灸被视为小道，明显低人一等，许多人都不愿意搞针灸，何况像程莘农这样已在药法上学有所长的人。程莘农尽管有些想不通，但这是组织的安排，他还是接受了任务，搞起了针灸。

程莘农在从“用药”到“用针”的转折中内心并不平静。大凡人们在选择的十字路口总是充满着矛盾和踌躇。孙晏如、李春熙两位老先生就鼓励他：“针灸学是一门很深的学问，很多问题我们一辈子都没弄懂，何称小道尔！”孙晏如精湛细腻的手法，李春熙精准老练的五行配穴，加之二老神奇的针灸治疗效果，使程莘农很快消除了犹豫，他决心易门，并激励自己要为针灸做出一番事业，使针灸成为解除病痛、祛疾除患的一门科学。

学习针灸，熟悉经络、穴位是最重要的。开学不久，教务长由昆让程莘农在一周之内把所有的经络和361个穴位都谙熟在心。在这么短的时间内背熟经络和所有的针灸穴位绝非易事，怎么办？当他正苦思冥想时，一位老师哼着京剧唱腔急匆匆从他面前走过，程莘农茅塞顿开——京剧一出戏那么长，演员却从来不会在台上忘了词，老演员们能背熟好多出戏的全部戏文，就是因为那是唱出来的呀。想到此，程莘农非常兴奋地找教务长汇报，称自己要按“定军山”里老黄忠的拍子把十二经络和腧穴歌诀全都背诵下来。但没想到的是，教务长并不满意，因为还嫌太慢。于是他又改变策略，换以节奏明快的西皮流水，用惟妙惟肖的京剧唱腔背诵经络和腧穴歌诀，甚得夸奖，得以过关。他把自创的京剧唱腔穴位歌谣也带到了教学里，在带领学生下乡实践过程中，那些实习医生一边帮病人诊病，一边口中念念有词地“念咒语”，让病人觉得挺神秘。回忆起当年初涉针灸领域的情景，程莘农很是感慨：“我从医几十年，从不敢说大话。只要我不如别人的，就直接向别人请教，我自己有什么好经验，也肯定倾其所有地都教给学生们。”

针灸对于程莘农来说完全是一个陌生的领域。为了搞懂弄通，他一头扎进图书馆，开始仔细研读针灸类的经典著作。通过学习和临床实践，他发现自己当初的某些看法的确有失偏颇。程莘农学针灸后的第一个月，一家长带着患有神经性尿频的孩子找到了他。家长哭着对他说：“孩子15岁了，每天晚上都尿床，为了给孩子治病我们已经负债累累，但治疗效果很不理想。”程莘农回答说：“我用针灸试一试，如果你来10次没见效，那我就无能为力了。”然而，家长带着孩子只来了三趟，孩子的顽疾就痊愈了。通过这件事，程莘农领略到了小小银针的无穷魅力，从此，他把全部精力投入到针灸的学习与钻研中。

一位面神经麻痹的老年女性，多方求医病情就是不见好转，程莘农只用了10天，硬是把她的“眼斜嘴喎”给扎了过来。一位外伤性截瘫患者大小便失禁，无法行走，程莘农用了两个月的时间帮他彻底解决了问题，患者最终幸福地成家。

通过以上事例，程莘农意识到，作为一名针灸医生，即使不开药方，也能治大病。再有病人来找他看病，他跳出了以前中医的某些窠臼，专门用针灸为病人疗疾。从此，他成了一位名副其实的不开药方的医生，完成了一次成功的人生转折，翻开了生活新的一页。他的思想也由朴素的济世救民，升华到更高的境界，要为中国针灸事业的发展而不懈努力。

为博采众长，程莘农曾到山东向焦励斋学习用后溪、申脉穴治疗周身关节病；到上海向杨永璇学习用内陵穴治疗肩周炎；专程进京向单玉堂先生学习用郄门穴治疗疔疮。凡此种种，一针一师，一穴一师，一德一师，只要有一技之长，程莘农就上门求教。从此，大方脉的中医少了一位开药方的大夫，而针灸界却多了一位学术大师，并为后人留下一段学习针灸腧穴的佳话。

为适应新形势下的针灸教学，程莘农负责的针灸教研组开始了针灸教学方案、方法的讨论，组织编写针灸教学讲义，研究绘制针灸腧穴直观教学挂图，等等，为推进中国的针灸教育进行了宝贵的尝试。程莘农回忆道，当时的学术辩论气氛很浓烈，也很友好。同仁们个个都是高手，又都研习刻苦，每遇问题，都会各抒己见，不论问题大小，或一个观点，或一个出处，甚至是一个用字，有时争论得面红耳赤，真正显示出百家争鸣、百花齐放的治学氛围。

《难经语释》是程莘农早期的一本著作。1956 年，朝鲜的金光一等来我国学习针灸，他们对中国的《难经》很感兴趣，要求校方开这门新课。谁来承担此任？就在领导犯难之际，程莘农站了出来，勇挑重任。半年多的时间过去了，程莘农圆满地完成教学任务，并与金光一结下了深厚的友谊。《难经语释》也由此而诞生了。《难经语释》及程莘农以后撰写的《难经概论》，从释义和理论上对《难经》这部中国医学的著名论著进行了科学的提炼和概括，特别是针对《难经》辨证施治的实践和理论体系进行了应用性的提高。他要求针灸疗疾要贯彻理、法、方、穴、术的统一，并提出“辨证宜精、治疗宜专”，针灸选穴应以大、小、缓、急、奇、偶为原则；取穴的多与少则应以证为凭、以精为准、以适为度、以效为信，故在临床取穴时，少至一二穴，多达十几、二十穴不等。他强调气血调和、经络畅通，既是人体健康的前提，也是针灸治疗的基本大法。

1957年，经周恩来总理点名，程莘农奉调北京中医学院（现北京中医药大学），任针灸教研组组长，兼附属医院针灸科组长、副主任、主任医师，统管学院针灸的医疗及教研工作。程莘农回忆当时的情景说："卫生部向江苏省中医进修学校要人时，学校不太情愿，自己刚刚培养出来的人才，舍不得放啊！周总理说了6个字——'先中央后地方'嘛，我们一班人就被调来了北京，各负责一个领域。"与程莘农一起选调北京的有董建华、颜正华、王玉川、王绵之、印会河等7人，还有后来从南京调来的著名针灸专家杨甲三、姜揖君和擅长子午流注的单玉堂。他们成为北京中医学院建院的元老。从这一个个响当当的中医大家的姓名即可想而知，江苏省中医进修学校被称为"中医界的黄埔军校"果真是名不虚传。

为把各项工作做好，程莘农事必躬亲，在教学、临床、科研第一线上殚精竭虑，制订出了各项规章制度。除了日常的教学临床外，他组织骨干力量，各牵一头，搞腧穴的搞腧穴，搞手法的搞手法，不同的病种有不同的人重点研究，他本人也在针灸治疗三叉神经痛、功能性子宫出血、中风等临床方面开展了大量的研究工作。在大家的共同努力下，北京中医学院的针灸临床、教学及科研工作一步步地向前推进。

为了使针灸操作手法化繁为简，他创制了“程氏针法”。他的针刺手法是传统中医与他对中医进行现代研究相结合的产物。《内经》里对针刺手法论述很多，明确了虚证当用“补”法，实证当用“泻”法的理论。针法的具体运用方法，就有五刺、九刺、十二刺、巨刺、缪刺、刺络等，还有呼吸补泻法、疾徐补泻法、迎随补泻法及深刺、浅刺、多针刺等。程莘农强调，在针灸的疗法中，针刺手法的运用是很重要的因素，运针要具有“手如握虎”之力，方能“伏如横弩，起如发机”，达到针到病除、气血和调及扶正祛邪的目的。程莘农的针法在汲取《内经》精华的基础上有三个特点：一是针刺之要，不仅要得气，关键在于催气。程莘农在临床和教学中反复强调，针刺要想产生效果，首先必须得气，得气的含义有二：其一是对病者而言，就是当毫针刺入穴位一定深度后，患者在针刺局部产生酸、麻、胀、重感，有时还循经络路线扩散，也有按神经传导出现触电样的感觉；其二是对术者而言，针刺后施术者常常感到针下沉紧。这些现象称为得气，或叫针感。得气之后，对于气血虚弱、身体羸瘦诸虚病证，施用补法，以鼓舞人体正气，使某种低下的机能恢复旺盛的作用；而对于高热疼痛、邪气亢盛诸实病证，则用泻法，以使某种亢进的机能恢复正常。一般来说，针感出现迅速、容易传导的疗效较好，反之则疗效较差。正如《标幽赋》所载："气之至也，如鱼吞钩饵之沉浮；气未至也，如闲处幽堂之深邃。气速至而速效，气迟至而不治。”

若针刺后未能得气，程莘农常采用候气的方法催气，或暂时留针，或再予轻微的提插捻转，或酌用一些辅助手法。例如，震颤：右手持针做小幅度较快速的提插，即震颤动作。搓针：右手拇、食指将针柄顺着一个方向做360°以上的大幅度捻转，可反复一两次。刮针：右手拇指轻按在针尾上，用食指或中指甲自下而上或自上而下地刮针柄。有些患者，不宜单独强力行针，可采用温和灸，或另配穴以引导经气。某些体质虚弱的患者，虽经多次行针引导经气，针下仍感虚滑，往往疗效缓慢。

二是病有虚实，针有补泻。针灸治疗是以辨证论治为原则的，通过四诊八纲对病情进行分析归纳，确定病变发生的经脉、脏腑，辨别疾病是虚证或实证、寒证或热证等类型。程莘农针灸临床上常施用的补泻手法有：①提插补泻法：主要是在提插时以用力轻重和速度快慢来区别补泻。当进针达一定深度得气后，提插，提时用力轻、速度慢，插时用力重、速度快，为补法；反之，提时用力重、速度快，插时用力轻、速度慢，为泻法。②捻转补泻法：主要是用捻转幅度的大小和速度的快慢区别补泻。当进针达一定深度得气后，继续捻转针柄，捻转幅度小、速度慢，为补法；反之，捻转幅度大、速度快，为泻法。③平补平泻法：此法用于虚实不太明显的患者。当进针达一定深度出现针感后，在提插捻转过程中，用力均匀，速度中等，针感比较缓和，用中等速度出针。

针刺补泻作用的效果，与机体的机能状况有密切的关系。凡正气未衰，针刺易于得气者，收效较快；而正气已衰，针刺不易得气者，则收效较慢。另外，病理状态对于针刺补泻的效果也有影响，就是说，在不同的病理状态下，针刺后可以显示出补和泻的不同效果。例如，高血压病患者，针刺后可以使血压降低；低血压病患者，针刺后可以使血压上升。不同病证，肠痉挛时，针刺有明显的解痉作用；肠麻痹时，针刺可使肠蠕动得到恢复。

三是施术手技，独树一帜。程莘农授术强调持针之手要指力实而腕力虚，运针要具有“手如握虎”之力，才能运神于指，针刺病所，收到良好的治疗效果。程莘农以右手拇、食二指持针，主要用由他研究出的“程氏三才进针法”进针，即天、人、地刺法。针 2～3 分深为天，4～5 分深为人，8 分～1 寸深为地。这一刺法吸取了中国传统针法与管针进针法的长处，为实施其他各种复式手法打好基础，将点穴、押指、穿皮、送针等动作协调一致，在一二秒钟内完成，具有快速无痛的优点，临床深受患者好评。捻针时亦有方寸，捻转一圆周为强刺激（泻法），捻转半圆周即为中刺激（平补平泻），捻转不到半圆周即为弱刺激（补法）。提插 1cm 者为强刺激（泻法），0.5cm 者即为中刺激（平补平泻法），0.2cm 者即为弱刺激（补法）。捻转、提插法可以单用，亦可联合使用。辅助手法中，通常有循、按、刮针柄、飞法等，程莘农嫌其繁琐，故用震颤法，即手持针时，略加震颤，顺逆时针均可运用自如。

说到“程氏三才进针法”，至今程莘农老人仍是神采飞扬：“我捏着针，别人根本拔不走，只要三下就能‘得气’。”针灸大夫对指力要求很高，程莘农持针强调“手如握虎，伏如横弓”，运针讲究指实腕虚，气随人意。针灸的手法有上百种，这种三下得气的方法，叫三才法。程莘农对元朝传下来的针灸手法潜心研究后进行改进，独创了“程氏三才进针法”。正是运用程氏针法，程莘农扎一针只需一两秒钟，一个病人若需扎十针八针，他不到一分钟就可全部完成，要点是进针快、穴位准、见效快。集几十年经验潜心研究而成的针法，简巧利索，气至速达，出神入化。

程莘农在进行日常临床、教学等工作的同时，还主持编辑《北京中医学院学报》，并任《中华妇科杂志》常务编辑等，还为前苏联和越南的留学生授课培训，组织骨干力量对针灸学的不同门类进行分析、研究。在科研方面，他主攻功能性子宫出血、中风和三叉神经痛等临床常见疑难病证的针灸治疗，并完成了“中风偏瘫 64 例观察”等课题研究。长年的辛勤工作、潜心钻研，使他至今保持着早起的习惯。因为病人多，他必须一早就开始临床治疗，中午很晚才能回去吃饭，而下午则要在课堂授业，晚上还要伏案笔耕，每天工作都超过 12 个小时。

1962 年，由于教学的需要，编写统一而规范的针灸教材成为重中之重，已经培养出第一批中医大学毕业生的各科教材也亟须修订。由当时的卫生部领导郭子化等组织，北京、南京、上海、广州和湖北几家中医学院共同编写了第二版中医教材。1963年，程莘农作为《针灸学》二版统编教材的统稿人，在安徽召开的审定会上阐述了自己对针灸教学、临床的一系列看法，这对后来的针灸发展有着建设性的意义。由程莘农、裘沛然、邵经明等中医针灸大家亲自审稿、定稿的二版教材成为公认的最好的教材。谈起《针灸学》第二版的编写，程莘农不讳言是大家集体创作的结晶。

二版《针灸学》教材中最突出的一点就是增加了穴位处方的方解。长期以来，大方脉的医生处方用药，有君臣佐使可依，谈起来头头是道，且有《医方集解》等专门的著作来论述，而针灸的选穴除《灵枢》中提到过的七方外就很少有人提及。鉴于此，二版教材中大胆创新，引入针灸方解，改变了长期以来针术秘而不宣、习者无所适从的境况。时过多年，这一做法的是非功过后人有过评价，但在当时高等教育开设针灸学教学的初期，它无疑是有着积极意义的。

20 世纪 80 年代，卫生部又组织专家进行《中国针灸学》中英文版的编写，上海方面的专家负责腧穴学的编写，南京方面的专家负责中医基础理论部分的编写，而北京方面的专家则负责针灸治疗学部分的编写；由程莘农担任主编，统一审查定稿。纪晓平主任医师是恢复研究生考试制度后程莘农的第一个研究生，也是当时参加中文稿编写的人员之一，他回忆起当时的情景说："那时候，我们没白天没黑夜地整整干了 3 个多月，终于把第一稿的中文部分拿出来了。然后是程莘农教授逐字逐句地修改，大家一起讨论，特别有学术气氛，我们也特别有干劲。"英文稿的编写是在当时针灸所外办主任张恺的带领下由英语组译成英文的。《中国针灸学》不但包含了经络学、腧穴学、针法灸法学及针灸治疗学的内容，也包含了阴阳五行、脏腑、诊断、辨证等中医基础理论和中医诊断学的内容，极大地方便了国际培训中心这种短期而全面的教学模式，而且也是当时国内外水平最高的国际教学的课本，一经问世便风靡海内外。程莘农主编的《中国针灸学》不仅成为国内针灸医生学习的经典教材，更被翻译成多国文字，成为我国针灸学科第一本完整的对外教学用书。为了推进教学，他还编了《针灸挂图》等教学用图，这对针灸学的继承和发展起到了一定的示范和推动作用。这是程莘农学术生涯的一个黄金时期。

矢志岐黄踏荆棘
一根银针扬美名

1966 年 6 月，程莘农被下放到农村务农，一去就是整整六年半时间。尽管被禁止行医，但一道禁令怎能抑制住程莘农为老百姓诊治疾病的愿望。他经常偷偷地行运着小小的毫针。程莘农回忆道：当时我到农村接受改造，吃饭是轮流分派到各家。那是一个夏天，骄阳似火，我被派到村东的一家吃饭，我看到这家女主人，擀面条好像擀得心不在焉。我说："你今天有什么事吗?"她说："我告诉你吧，我心焦。我有一个女儿，一天到晚的老摇头，到学校里她也摇头。女孩子老摇头不像话了，我去公社卫生院和县医院都看了，治也治不好，开春去了市医院，也治不好，所以我对她担心。"我问人在哪儿，她说人在家，那不坐在那儿吗。我回头一看，一个十一二岁的小女孩坐在墙角处，不停地摇着头。我笑着对这个小姑娘说：“丫头，你把小板凳朝我这儿拉拉。”小女孩怯生生地瞥了我一眼，没有动。我就走过去，摸着孩子左右不停摇动的头，心里就有数了，对孩子妈说：“我给孩子扎两针？”“扎吧，能管用就行。”女主人心不在焉地回答道。我就给小姑娘扎了，也不过两针，头顶一针，后头一针。我对孩子说：“你坐一会儿吧，等我吃过饭，再给你起针。”我把面条吃完了，就给她把针起掉了。第二天呢，我到下一家吃饭去了，看见昨天那家女主人带着她的小姑娘也到了这家。她知道我在这家吃饭，就在这儿等着。我说：“你们来了？”她兴冲冲地对我说：“你看这孩子头不摇了。”说着就把藏在身后的小姑娘拽出来：“快叫伯伯。我带她再看看。”我问：“昨天扎过了，头摇没摇？”她说：“没摇。”我坐下来再给小姑娘扎了一次。第三天，当我到下一家吃派饭时，看见母女俩早已等在那里了。我叫小姑娘坐下来，又给她扎了一次，这个小孩就不摇头了，就好了。这事不胫而走，四里八乡的群众都慕名来找我看病，屋里屋外排着队看病扎针，拦都拦不住。我索性就用手中的医术为一方百姓治病疗伤，村里的老百姓保护着我，我心里很畅快。那情景是很难忘的……大家一定很想知道这两个穴位是什么吧，一个是大椎，一个是百会。

1973年，程莘农回到北京，再次拿起银针为病人看病。然而，回到北京后三天，他正准备出门上班，却发起了高烧，罹患急性肺炎，只能再次回家休息。一休息就是一年。这一年他没有出门，头发、胡子都长得很长。在胡须的去留问题上，程莘农犯了倔："别人都说我50多岁的人留着长胡须像什么话，但我就要留下来。"在农村长达六年多，回到北京又不幸染病，一躺又是一年，程莘农是个惜时如命的人，这白白流逝的岁月成为他心中的创痛。为了这不能忘却的纪念，程莘农蓄起了胡子并称之为“纪念胡”。每当谈起他的胡子，他总会爽朗地大笑，满意地捋一下颌下已变得花白的胡须。胡须就像他手中的银针一样倔强。从此，颌下的长胡须成了程莘农标志性的特征。

重拾银针后，程莘农正式在中医研究院（现中国中医科学院）针灸研究所坐诊，当时的医生诊疗室大约 $40m^2$ 的面积。程莘农回忆说：“我去时里面已经有七八个大夫了，我是新来的，只能搬一张桌子、一把破椅，坐在门边，后来所长亲自来为我换了一把椅子。”整个诊疗室就属程莘农最清静，最初三天，没有一个病人来找他看病。程莘农心静如水，耐心坐诊，因为他知道为病人看病是他终身的职责，切不可急功近利。病人有选择医生的权利，一定要尊重病人的选择权。第四天之后，渐渐地病人都来找他看病了，很快病人就在胡同里贴满了感谢他的“大字报”。说起这些，程莘农笑得很纯真，像一个和别人比手里的豆豆糖有多少的孩子。

1976年，一部关于赤脚医生的电影《春苗》在全国各地上映。片子里有一个银针治百病的故事，针灸的神奇疗效几乎一夜之间家喻户晓，人们对针灸有了更多的信任。全国各地慕名而来的患者让程莘农应接不暇，平均每天要诊治四五十人次，多时一天就有七八十人次。经他治愈的病人无数。

程莘农就如同一个上了发条的机器，拼了命地为病人祛病疗伤。他清晨六时就走进诊室，当大家8点钟上班时，他已诊治完30个病人了！而到中午12点，他诊治的患者往往达到80多位，即便是开药方的大夫，这也是个惊人的工作量，何况是针灸医生，每天在病床与病床之间的奔波就可达到几公里！在数十年的从医生涯中，他诊治患者数十万人次，累积的病历单摞起来能有一人高。一个人何以有这么巨大的力量？因为在他眼里，病人永远是第一位的！

“程老上班早，程老用针巧。出手就得气，百病全跑了。”这是患者脱口而出的顺口溜。程莘农上午出诊，下午参加会议或学术讨论，晚上看过电视新闻节目，便又伏案工作，常常工作至凌晨三四点……当有人问道：“您现在把时间补回来了吗？”程莘农一脸欣慰地说：“补回来了，补回来了……”失去的时间“抢”回来了，踩着时间节律去生活、工作的习惯，程莘农却再也丢不掉了，那绺翘翘的“纪念胡”也就伴着他在悠悠岁月中“纪念”下去。

提起行医几十年来遇到的特殊病例，程莘农显得特别有精神：“各种各样的病人都有，下乡时能遇到，在诊室里也经常遇到。有的三针两针就扎好了，也有的治疗时间比较长。我扎的最长的一个病人扎了 3 年，是个男病人，本来已经瘫痪在床，后来慢慢能走了，最后自己下楼回家。”

有一位印度妇女，拥有 3 家医院，却被三叉神经痛折磨了整整 17 年，西医专家用了很多方法治疗，均没有效果。她听印度大使讲了程莘农针灸的神奇后，跑到中国来求治。

程莘农仔细询问了病情后，决定分两个疗程给她治，第一个疗程扎 10 天，休息两天后，第二个疗程再扎 10 天。这位印度妇女住在印度大使馆，每天坚持来扎针，短短 20 天后，折磨她 17 年之久的病痛奇迹般地痊愈了，而且此后再没有复发。这位病人觉得中国的针灸简直是神奇无比，当即表示一定找机会请程莘农到印度去，给她医院的医生搞搞培训，让他们也见识一下神奇的中国医术。两年后，她果然邀请程莘农和他的学生赴印度讲学，让她自家医院的医生们也领略到了中国针灸的神奇。

在20世纪80年代，一部反映中国针灸的电影纪录片中，讲述了一位患有严重脊髓病的日籍华人被针灸治愈的故事。当时，这位女性华人所患疾病在日本已经下了结论，必须骨髓移植，否则活不过10年。但是这位患者是过敏体质，不能吃西药，甚至对有些麻药都过敏，所以就到程莘农这儿来求助。程莘农给她连续针灸了3个月后，病情大有好转，基本得到了控制。后来，那位患者从日本回来休假，特地来看望程莘农。提起当年看病的事，这位女士激动地说："我这一生要永远记住程莘农先生，没有他就没有我的今天。20多年过去了，我的病就是在程大夫的精心调治下才得到了控制，每次我回来休假，都来看望程先生，再开些调养的中药。"

1975年，程莘农到中医研究院针灸研究所工作，历任经络临床研究室主任、针灸教学研究室主任及中国北京国际针灸培训中心副主任、终身名誉主任等。作为闻名中外的针灸学专家，他从事中医针灸临床数十年，深谙传统中医针灸理论，善于治疗内科、妇科疾病及各种疑难杂症，特别是对中风、偏瘫、高血压、面瘫、坐骨神经痛、功能性子宫出血等疾病的研究和治疗达到了国内外先进水平，临床治愈率和有效率很高。在临床常见病证中，他重视辨证施治与症、病、经验穴结合，并在长期的临证实践中，逐渐形成了自己独特的临证思辨特点与诊疗规律。

中风是中老年人脑血管的多发病和常见病，程莘农总结了几十年的临床诊病经验，从中风的病理学与中医机理的关系出发，认为病因以正衰为主，病位在脑，常涉及心、肝、脾、肾，病机主要为真气不足，气血逆乱，风、火、痰、瘀阻滞经脉。他还对门诊的病例流量进行了统计和分类，发现中风先兆与中风后遗症患者数量最多。于是他就从这两个方向的致病机理和诊治方法进行研究，特别是从针灸的独特疗效和无药理副作用的特点出发，提出了诊治中风的思路和一套独特的针法。

1993 年，一位 72 岁的患者，被子女用轮椅推到了中医研究院针灸研究所，点名要找程莘农看病。患者中风后右侧半身不遂 9 年，多方医治罔效，就诊时右侧肢体屈伸不利，指趾麻木，手握力差，步履沉重如坠，面赤眩晕，恶心纳减，舌质红少苔中有裂纹，脉象沉细弦，尺弱。程莘农诊断：中风，中经络，肝肾阴虚，风阳上扰。对这种老年人罹患的脑血管疾病，程莘农采取以调经和络与阴经阳经腧穴并取的方法，通过畅达经络血气，协调阴阳，采用平补平泻法恢复肢体活动功能。坚持滋补肝肾、平肝息风的治疗原则，通过足三里、三阴交、太溪、曲池补法，其余穴平补平泻，外关与内关透刺的针刺手法，治疗 10 次（1 个疗程），患者右侧肢体活动较前灵活，眩晕恶心亦见好转。效不易方，随症增减连续治疗4个疗程，患者右肢能够自主屈伸，活动明显好转，其他症状基本消除。

患者的儿子是搞量子物理学的研究员，对中医和针灸曾经有一些偏见，父亲中风后9年的苦痛，通过程莘农三寸银针，不出1个月就神奇地治愈了，他深感中医的奇妙和博大精深。在一次例行的回访治疗中，他问程莘农，父亲的病西医用很多的治疗方法都尝试过，但均无起色，为什么到了中医这里就能如此神奇地妙手回春呢？程莘农顺手拿过一本《中国针灸学》，用手拍拍书的封面说："中医是一门科学，所不同的是中医对疾病有着独特的视角。在我眼里，病人就是一个整体。患者古稀之年，肝肾阴血已虚，水不涵木，风自内生，遂成诸症。我用百会、风池开窍息风，用足三里、三阴交、悬钟、太溪、太冲滋补肝肾，培益气血，平肝息风，用肩髃、曲池、外关、合谷、环跳、阳陵泉疏通经络，中医涵盖了中国哲学的精髓，就是辨证施治啊。”在送病人走的时候，程莘农反复提醒患者家属，长期偏瘫的老年患者一定要重视补益肝肾。

在治疗中风先兆的麻木病证上，程莘农有自己独到的见解。“气虚则麻，血虚则木。”对上肢麻木者采用外关、后溪，对下肢麻木者选穴中渎、悬钟，以调经和络，针刺手法多用补法。治疗麻木一般疗程较长。治疗中风后遗症日久不愈，他采用通调周身经脉，阴经阳经腧穴并取的方法，旨在畅达经络血气，协调阴阳，一般多采用平补平泻法。阳经取穴，“阳主动”，意在恢复肢体活动功能。后期多选配阴经腧穴，如尺泽、内关、三阴交、太溪等，意在协调阴阳，阴平阳秘。通过数疗程调治，多数患者都会有不同程度的康复。

程莘农年逾 80，仍醉心岐黄，耕耘不止。每天五点半，他从家里出来上班，6 点准时来到位于东直门内南小街16号的中国中医科学院北门西侧的针灸医院（原针灸所门诊部）。这时等候在这里的患者纷纷上前和他打招呼："程老早！"他一边回应着，一边打开诊室房门，稍事准备后开始诊治病人。这些病人都是经过初诊后预约的，所以直接进行治疗。他把患者一个个安排到诊床上，打开针灸包，取出银针，给患者扎上针。等把十几张诊疗床上的患者都扎完了，第一个进针的患者的留针时间也到了，于是他又开始起针，起完针，立即给第二批的第一位患者扎上针，再给第二位进针的患者起针。就这样起针、进针，进针、起针，不到八点钟，他已经为很多患者进行了治疗。

8点不到，慕名前来求治的患者、来此学习的外籍学员，还有他的弟子们，一拥而上，把他围得水泄不通。从此时开始，他的工作就有了部分转变，不是单纯的治疗，而是边治边教，所以诊治速度比较慢，往往一个病人就需要一个多小时。他让患者坐在面前，聊天似地仔细询问：哪里不舒服，有什么感觉，接着号脉，看舌苔，然后向外籍学员介绍中医的望、闻、问、切是怎么回事，如何进行望、闻、问、切。翻译过后，他再把病人安排到诊床上，准备进针治疗。在进针前还要向外籍学员介绍什么穴位在什么地方，怎样找准穴位，哪些穴位配合能治哪些病等，并且让翻译一一翻译清楚。三个多小时过去了，他累得满头大汗，不知不觉时间已近中午，是他回家吃饭的时候了。他缓缓起身拄起拐棍儿（他的右腿曾被一骑自行车的冒失女孩撞成骨折），学生们趋前搀扶，他连连摆手："不用，不用，我自己走！"走到一位头上扎了十多根银针的病人床边，程莘农停了下来，笑眯眯地伸出右手，"唰、唰、唰"几下，便把所有的针都捻了一遍，其捻针速度之快与其行走速度之慢所形成的强烈反差，在这一时刻留给人们极深刻的印象。

由于年事已高，从 2007 年起老人不再出门诊，但是每天早起到诊室转一圈儿的习惯仍然保持着，几十年形成的习惯，一时还真无法停下来。现在程莘农仍然每天静静地坐在诊室里看学生们诊病，只有坐在诊室里，他心里才感到踏实。

探索经络觅迷踪
辨证施治福万家

提起针灸，程莘农有说不完的话："针灸既能寒也能热，既能补也能泻，很多病都可以采用针灸治愈。现在，针灸治疗范围已扩大到300多种病症，其中100多种病症单独施以针灸，就可取得较好疗效。除了我们知道的腰酸腿疼外，一些内脏病症也可以针灸，甚至像中风、脑出血这样的危重病也行！"他对针灸治疗作用的自信不仅仅来源于20世纪70年代以来一直从事中医临证的实践经验，更来源于近半个世纪以来对中医经络学说这一延续两千多年的针灸诊疗机制的研究和探索。

20世纪30年代初，在中国掀起了一股崇尚西方现代医学理论和医疗技术，否定中华传统医学的恶潮，很多报纸和刊物连篇累牍地发表攻击祖国传统医学的文章，甚至把中医称为“江湖术士”，把针灸学的经络学说斥为“巫术”，有的人竟然向当时的国民政府提出取消中医的议案。这种鄙视中医的社会现象一直延续到20世纪40年代末。当时的程莘农在江苏省清江市（淮阴）卫生工作者协会任秘书股股长，看到他所酷爱的中国传统医学的坎坷境遇，他更加坚定了探究中华医学内涵的信念。

纵观中华医学史，程莘农认为中医是以中国哲学思辨方式进行理论归纳的医学宝库，中医重验方、重病案积累、重抽象思维，呈现出一人一派、一医一风、色彩斑斓的个性特点。不同地域的中医世家、不同的诊疗手段都形成了代代相承的独特的医学理论和治疗方法的积累与传承。中医宛如一棵扎根在中华大地上叶茂根深的参天大树，在几千年的风雨历程中为中华民族除痼祛疾。同时，程莘农又深刻地认识到，中医有深厚的科学基础和理论依据，有深奥的科学规律可循，关键是要解决中医理论的系统化，中医教学的规范化，以及对中医经络的科学探究。按着这个思路，程莘农从20世纪50年代中期就开始了对中医经络理论的研究和针灸学教材的编纂。

1955年程莘农易门针灸后，认为针灸对疾患有着特定的疗效，对机体疼痛和功能失调性疾病疗效尤为明显，说明这种治疗手段有着自身的科学机理。在学术观点上，他推崇《黄帝内经》、《难经》，反对玄学，提倡务实创新。1957年，程莘农在江苏中医进修学校发表的一篇题为《针灸经络学初探》的论文中写道："针灸的治疗作用就是通过人体的经络系统，以外治内的作用途径，经过适当刺激体表穴位，激发经络感应传导，疏通经络，通过机体扶正祛邪，纠正脏腑气血盛衰虚实，对神经、内分泌、免疫等各个功能系统的活动起双向调节作用，表现在对亢进的功能起抑制作用，对低下的功能起兴奋作用，以再建阴平阳秘，从而达到治愈疾病的目的。由于经络概念形成与发展经历了数千年，加之受中国古代哲学思辨的影响及当时的生产力水平低下等因素的制约，经络学说具有一定的历史局限性是不容置疑的。这就需要我们加强对经络学说的研究探索，因为经络的现象是客观存在的。中华医学几千年来的实践也充分证明，利用经络学说来诊断、治疗、推测疾病的预后等都是行之有效的。”

程莘农通过对中国医学史和中医典籍著作的研究，认为针灸是最能反映人类对自身本质认知的诊疗手段之一，其原始性既包含了对人体真理性的探索，也揭示了中华医学的起源。针灸的出现可以追溯到构木为巢、以穴为居的远古时期，最早的古猿人已经知道用石块叩击身体来减轻病痛。到了新石器时代，人们逐渐知道用尖细的硬物刺激身体上的某个部位，可以起到减轻疼痛、祛病御疾的功效，继以石、骨为针，配以穴位来诊治疾病，后来又有了用铜铁做的金属针。经过千万年的经验积累和进一步的观察探索，中国古人提出了人体“经络”这一学说，并用以指导中医临证治疗。“经络”，古人指运行气血的脉管，实际是“经脉”和“络脉”的简称。所谓经脉、络脉是对“脉”的划分。大而长，纵行于肢体深层的脉，称为经脉；经脉的分支，细而较短，行于浅深各处，称为络脉。但是古人的本义并不是要描述人体血脉的分布及其功能，而是想借助血脉来形象地说明其在长期诊疗实践中所发现的关于人体特定部位间相关联系的规律。也就是说，所谓“经络”，是古人对人体某些部位之间特定联系的一种直观解释，意在说明人体体表与体表、体表与内脏的远隔部位之间的相关联系是通过“经络”实现的，进而用“经络”来表达和说明人体的一些生理功能和病理变化，后来逐渐发展成为一种理论学说，即经络学说。

程莘农作为国家攀登课题经络研究首席科学家，对针灸的研究投入了毕生的精力，特别是他把针灸的临床诊治与学科研究紧紧地结合在一起，以科学研究为方向，以临床实践为重点，重在解决针灸治疗方法论的问题，再用丰富的临床实践所获得的病例和数据，为现代针灸学的研究提供翔实丰厚的依据，取得了突出的成果，让世界知道了中医，了解了针灸。

20世纪60年代初，许多人把经络看作是玄之又玄的学问，有些人甚至根本不相信人体内还有一种看不见、摸不着的经络存在。为此，程莘农把研究重点放在了查证经络的研究上。最终，他利用中医理论，结合病人的临床症状，画出了人体经络表。配合他进行这项研究的是卫生部科教司的一位专家，这位专家用现代的医学仪器为病人检查身体。后来，人们惊奇地发现，两种检查结果竟然有80%以上相吻合。

证明人体经络的功能是客观存在的。这对我国早期经络研究起到了巨大的推动作用。

程莘农带领着研究人员，从“穴位的现代研究”、“经络的现代研究”和“针灸诊治机理的研究”三方面对针灸深奥的科学机理进行了深入的探索、研究和总结。“穴位的现代研究”汇集了大量穴位大体结构、组织学结构、生化特性等研究结果；“经络的现代研究”重点讨论了经络感传现象的研究成果，并收集了经脉—脏腑相关规律和经脉的理化特性等研究资料；“针灸诊治机理的研究”系统梳理了针刺疗法所涉及的诊治机理，并根据现代医学的系统分类讨论了针灸对各内脏系统的调整作用及针灸防卫免疫的作用。20 世纪 60 年代，程莘农便与同行们协作完成“体表循行 81 例研究”，成为我国早期经络研究的佳作之一。20 世纪 80 年代后期，他主持完成了“针刺镇痛和针刺麻醉”等重大科研攻关项目。作为多次主持国家级、部级重点课题，国内最先对经络现象进行研究的人，他为中国中医现代研究作出了杰出贡献，由他组织进行的“循经感传和可见经络现象的研究”，获国家中医药管理局科技进步一等奖和世界文化理事会“阿尔伯特·爱因斯坦世界科学奖”。

由于针灸科研工作的复杂性，迄今为止尚有许多问题无明确定论，有些仍然存在争议。程莘农曾参加经络的实验和尸体穴位解剖等研究工作，对经络与针灸的关系有着非常客观的认识。他曾对他的学生说过：“针灸神奇，却并非万能，‘万病一针’的观点是错误的。”他要求针灸科的医生理论先行、以针灸为主，因为用药和用针都是在中医理论的指导下，穴位与中药的作用有异曲同工之妙。针灸取穴是“以证为凭、以精为准、以适为度、以效为信”。所以取穴多少，应当在吃透中医经络理论的基础上，以“大、小、缓、急、奇、偶、复”为原则。

坚持临床辨证，注重经络理论，是程莘农学术思想的核心。程莘农在拜温病大家陆慕韩为师，苦研中医经典，培习良医之道时，已对中医辨证施治的世界观和方法论有了浓厚的兴趣和独到的见解。1947年，程莘农曾在自己的《诊治手记》中写道："医者，探病毓体，观其面而及里，号其脉而至心，回望四季知寒热，瞻观早春明深秋，由表及里，由点及面，方能御疾于无恙……"程莘农在70余年的岐黄之路上，始终坚持辨证施治的指导思想，把中华医学瑰宝的辩证法思想在针灸领域推向了一个新的高度，使针灸由过去的师承门派之风升华为理论化、系统化、可规范操作的一门学科，并使经络辨证的思想成为一种具有科学依据的指导性理论。

经络辨证以经络学说为理论基础，概括了经络病变的临床表现以及经络、脏腑病变时的相互影响，总结出病变时表现的一般规律。程莘农十分强调针灸辨证论治中的经络辨证，以经知脏，是其捷径。施术过程中，他亦持“宁失其穴，勿失其经”的见解，表现了对经络的高度重视。经络辨证与脏腑辨证有着密切联系，但又有所区别，对这两种辨证的内在联系和区别以及中医辨证施治的思想和方法，程莘农集自身行医和对经络辨证研究70余年之大成，从五个方面提出了经络辨证施治带有指导性的学术观点。

一是探究《内经》中十二经病候的针灸治疗规律。所谓“病候”，就是疾病外候的总称，即疾病反映出来的现象，包括症状和体征。十二经病候就是以十二经为纲的病候分类。经脉病候，在马王堆出土的医书帛书《十一脉灸经》中就有部分记载。完整的十二经病候则见于《灵枢·经脉》篇。《灵枢·经脉》篇和《内经》其他篇章较完整地记载了经脉、病候、腧穴及前人宝贵而丰富的针灸临床经验。在临床实践和理论研究中，程莘农非常注重对《内经》十二经病候及有关十二经病候的针灸治疗规律的把握，特别是在教学中，他用大量的病案来说明十二经脉“内属于腑脏，外络于肢节”，将人体联结成一个有机的整体的观点，强调在疾病状态下，受累经脉及所属的脏腑必然会产生相应的病理变化，经脉本身不但可以受邪，而且可以成为病邪由表及里、由里出表的传变途径。

程莘农和他的同事们对《内经》中有关病候的记载进行了统计，《灵枢·经脉》篇中约载病候 220 个，阴经病候 96 个，阳经病候 124 个。阴经病候以内脏病候为主，阳经病候以外经病候为主。其中既有头面五官、颈项躯干、四肢部病候，也有脏腑、神志和全身性病候。头面五官部病候：目锐眦痛、泪出、鼽衄、喉痹、齿痛、耳聋、头痛、颊肿痛等。颈项躯干部病候：颈肿、项痛、肩痛、腋肿、胁痛、脊痛、腰痛等。四肢部病候：臂痛、掌中热、指痛不用、髀痛、髀不可以曲、股痛、膝膑肿痛、胫绝骨痛、踝痛、足跗痛、足下热而痛、脚痛、趾不用等。脏腑病候：咳喘、少气不足以息、咳唾有血、烦心、心痛、腹胀、善饥、胃脘痛、呕逆、太息、善噫、黄疸、腹泻、遗溺、闭癃等。神志病候：狂、癫等。全身性病候：汗出、振寒、疟、体无膏泽、体重、体不能动摇等。他们对这些病候进行了综合分类并进行了计算机建模，通过数量分析，得出了以下的分析性结论：《灵枢·经脉》篇所记载的阴经病候中，脏腑病候最多，为阴经病候总数的 52.08%，占第一位，其次为四肢、头面五官、颈项躯干等部位的病候。这也说明“阴主内”，阴经病候以内脏病候为主。阳经病候中，头面五官、颈项躯干、四肢部病候最多，分别为 35、27、32 个，合计 94 个，约占阳经总病候数的 75.81%；内脏病候仅有 11 个，约占阳经总病候数的

8.87%。这也说明“阳主外”，阳经病候以外经病候为主，而不是内腑病候。

在对“十二经病候”深入分析的基础上，程莘农组织研究班子运用统筹分类的方法对“十二经脉辨证”进行了科学的考证，对手太阴肺经病证、手阳明大肠经病证、足阳明胃经病证等十二类病证与临床相结合，科学地梳理分类，提出了“十二经病候治疗”的总体思路。为解决治疗上的研究方向，程莘农在教学和科研中反复强调辨证施治的问题，“有诸内必形之于外”，任何疾病都会有一定的“病候”表现于外，我们就是要通过这些病候，去认识疾病，才能达到防治疾病之目的。针灸治病，是离不开病候的，通过对病候进行分析，判断病在何经、何脏（腑），据此进行处方配穴，或针或灸，或补或泻，调整脏腑经络之气，促进阴阳平衡。据此，程莘农提出了“十二经病候”针灸治疗的两个规律。

其一，治法规律。这个规律是程莘农依据《灵枢·经脉》“盛则泻之、虚则补之、热则疾之、寒则留之、陷下则灸之、不盛不虚以经取之”的记载，结合《内经》有关十二经病候的具体针灸处方中针刺、艾灸、刺血、针刺加刺血、针刺加艾灸、刺血加艾灸等不同的治疗方法而提出的，并将其确定为总的治疗原则。这些不同的治法，是针对不同的病证而设，通过对这些病证进行分析，可以归纳为：正气未虚，病多在外，刺而治之；或虚或实，病多在内，取而调之；血实脉盛，经络郁滞，刺血求安；见症多端，杂合以治，各得其宜。

其二，取穴规律。这个规律是程莘农对《内经》有关十二经病候的针灸处方中各种不同的取穴配伍方法的分析，结合长期临床实践经验的积累而提出的。针灸的取穴规律表现在以循经取穴的处方为最多，局部取穴方和对症取穴方则次之。在临床、研究和教学中，程莘农始终坚持用临证病例来解决十二经病候的诊治问题。结合治疗偏瘫病症，他运用取穴规律中循经取穴的方法，根据临证实践，运用“经络所通，病候所在，主治所及”的指导思想，指导学生在使用循经取穴的基础上学会取本经、取表里经、取多经、取他经、取同名经等形式来治愈疾病。

二是探究奇经八脉的内涵和特性。中医针灸的深奥、神秘与其经络理论的高度抽象分不开。面对奇经八脉，程莘农试图用自己对经络学说的理解来打开这扇神秘的窗户。奇经八脉是经络系统的重要组成部分，是与正经不同而别道奇行的八条经脉，即督脉、任脉、冲脉、带脉、阳跻脉、阴跻脉、阴维脉、阳维脉。程莘农在对奇经八脉的研究上努力把握住奇经八脉与正经的四个不同与三个联系。四个不同，即命名与正经不同；“阴阳”、“表里”、“脏腑”的关系与正经不同；循行与正经不同；腧穴分布与正经不同。三个联系，即奇经各脉间的联系；奇经与十二正经的联系；奇经与元气、卫气、营气的联系。通过多年的研究和中医针灸临证，程莘农认为，奇经八脉在命名、循行与阴阳、表里、脏腑的关系等方面有异于十二正经，同时奇经八脉经脉之间、奇经与十二正经之间相互交通，加强了各脉之间的广泛联系。奇经八脉还与元气、营气、卫气的循行密切相关。程莘农对奇经八脉内涵和特性的研究，为科研部门论证经络的客观存在和其深奥的医学价值，提供了完整的方向性材料和经络在人体中生动鲜活的走向。

三是探究奇经施治的辨证特质。奇经辨证是中医学辨证方法之一，但对此进行系统论述者尚不多见，完整的奇经辨证施治理论仍属空缺。程莘农深刻认识到，研究奇经八脉和辨证施治规律对中医的科学发展有着重要的现实意义。在对奇经辨证的研究上，程莘农要求针灸医生在临证治疗上打牢辨证施治的理论基础并将其作为一种思维方式，在方法论上主要解决好督脉、任脉、冲脉、带脉、维脉、跻脉等病的辨证针灸施治，分清奇经中“实证”与“虚证”的区别与联系。程莘农把重点放在对这六类奇经病证的系统归纳、综合分析上，强调用经络学说指导针灸治疗，在针灸临床实践中尤其注重奇经施治的辨证特质。他将自己1986～1987年9月以前诊治的293例门诊病例进行分析，充分运用“实证”和“虚证”的概念指导奇经辨证施治，在病理上分清伯仲。论及督脉病辨证及针灸治疗的“实证”部分，程莘农将病理类型分为“外邪侵袭”、“经气逆乱”、“气郁痰结”三类；在“虚证”部分，将病理类型分为“督脉阳虚”、“阴虚火旺”两类。对其他类型的奇经病证，程莘农也进行了详尽的“实证”、“虚证”的研究和分类。在谈及跻脉病辨证及针灸施治上的“虚证”部分时，程莘农认为，跻脉虚证多由素体虚弱或久病体虚而致阴阳失调或跻脉失养导致。表现为阴阳失调的临床病候，在症状上显露出寤寐失调，目闭嗜卧，兼有神倦懒言，畏寒肢冷；或见不寐，狂奔，面红目赤，烦躁不安；或见癫痫僵仆、羊鸣。证候分析可以看到阴跻、阳跻会于睛明，主眼睑开合。若阴虚阳盛，或阳虚阴盛，导致阴阳失调，则寤寐失调。

在针灸施治上，调整阴阳为治疗大法。运用补泻方法，阴跻以阴为体，可以结合阳跻为用，故阳虚阴盛宜补阳泻阴，阴虚阳盛宜补阴泻阳。程莘农常以照海透申脉治疗失眠，以平衡跻脉阴阳，效果很好。

四是探究络穴的理论内涵与临床应用。程莘农对络穴的研究有独到之处。《内经》对十五络穴的阐述，是古人对脏腑、经络深刻认识的经验总结，其中的理论内涵，是络穴思想形成的基础。在对络穴理论的研究中，程莘农紧紧抓住“经气流注理论”和“十五络穴的临床应用”这两个络穴理论的中心环节，从《灵枢·根结》篇提出一种与络穴直接有关的经气流注理论——六阳经脉气的根、溜、注入手，注重《灵枢》“九针十二原”、“本枢”、“卫气”、“根结”等篇中其他流注形式方面的记载，结合十五络穴的临床应用，努力解决治疗表里两经有关的疾病及本络的疾病。程莘农通过长期的针灸临证发现，络穴有主治本经络脉病候的功能，十五络脉也均有各自所主控的病候，总计40余种，其中既有头面五官、颈项躯干、四肢部疾患，也有脏腑、神志及全身性病候，同时还表现出络穴具有反映其位置和主治性能的特异性和调整阴阳平衡的双向调节作用，在急症救治上有广泛的适应证。络穴位于表里经之间，针对急症具有明显效果。如列缺治疗尸厥，通里治疗暴瘖，内关治疗心暴痛、急性吐泻、休克，外关治疗吐血昏晕、不省人事，蠡沟治疗卒疝，长强治疗小儿惊痫，等等。

程莘农认为，十五络穴不但具有独立的主治范围，独特的临床效应，更为重要的是，将络穴依据一定的法则与其他特定穴加以适当的配伍，能收到事半功倍之效。包括原络配穴法、八脉交会配穴法以及与特定穴的配伍（与五输穴配伍、与八会穴配伍、与俞募穴配伍）。例如络穴与背俞穴的配伍，多用于治疗背俞穴所属脏腑的疾病。又如列缺配胃俞治消渴，配脾俞治小儿慢惊风，配心俞治健忘失记，配膀胱俞治遗溺等。络穴还常与多个背俞穴配伍应用，如外关配五脏俞治五脏结热、吐血不已，公孙配胃俞、三焦俞治疗肠鸣等。

五是探究任脉会穴。会穴，是指两经或数经相交会合的腧穴，属针灸腧穴特定穴的范畴。其渊源悠久，最早正式记载见于《针灸甲乙经》，它明确记载某穴是何经与何经之会，如承浆为“足阳明任脉之会”，而其思想渊源于《内经》。程莘农在对会穴的研究中提出，会穴均可治疗两经及两经以上的病变，与一般腧穴相比既可扩大穴位主治范围，又可提高疗效，精简用穴。任脉有 14 个会穴，且多是全身重要的会穴，具有典型意义。程莘农总结了任脉会穴在临床的应用特点，认为会穴一穴能治数经之疾，因为会穴是两经或两经以上经脉之气相互沟通的汇合点，所以许多会穴具有主治广泛的特点，不仅能治所属经脉的病证，并且能治相交会经脉的病证。如因手足阳经布于面部入于齿中，任脉经咽喉上行至颌部，环绕口唇，所以能主治面部和口舌的疾病，诸如口眼㖞斜、面肿龈肿、齿痛等。承浆穴又会于督脉，督脉循行项后，贯穿脊柱，所以能治头项强痛，重不能举，脊反折，不能回顾。因此会穴具备整体主治本脉病证和主治脏腑病证之功效。

程莘农十分重视对会穴的运用，以任脉会穴组方的处方很多。现搜集到的 142 份他于

1987 年 1 月～1988 年 12 月运用任脉会穴治疗的病历，所涉及的病种以面瘫、中风、胃脘腹部胀满为最多，其次为胸闷、心悸、痹证、耳鸣、耳聋等。14 个任脉会穴之中，临床常用的有 9 个，即承泣、廉泉、承浆、天突、膻中、上脘、中脘、关元、中极。廉泉、承浆为任脉会穴的常用穴，多治疗面瘫、面肌痉挛、面痛、中风语言不利。这些亦是针灸门诊的常见病证。程莘农在运用廉泉治各种原因引起的舌强语謇时，向舌根方向深刺 1～2 寸，不留针，取针后轻按针刺处，避免出血。承浆尤善治面瘫病人口唇㖞斜严重者，或迁延难愈的面瘫病人。膻中、中脘常作为针灸对穴治疗腹胀、胸脘痞闷、失眠哮喘、胸痹心悸，尤其是治疗因肝气郁结、气机不畅引起的病证。天突、膻中亦常作为对穴治疗咳嗽、哮喘病证。哮喘一证，多以痰饮为患，其发作亦是痰随气升，阻塞气道之故，治疗中以顺气祛痰为先，故以“天突”通气导痰，以“膻中”降逆化痰，二穴合用，下气平喘效果很好。程莘农针刺“天突”穴多以针尖沿胸骨柄后缘，刺1～2寸不留针。刺“膻中”穴，针尖沿皮向下刺0.3～0.5寸。

辨证施治是程莘农学术思想的核心。他十分重视用中医理论指导临床实践，注重经络辨证；对病因辨证、脏腑辨证、卫气营血辨证和三焦辨证等亦不摒弃，做到理、法、方、穴、术丝丝入扣，为提高针灸疗效作出了有益的贡献。

桃李芬芳遍四海
墨宝飘香传百年

“桃李满天下，学子遍四海。”教书育人，培养针灸学科人才是程莘农毕生为之奋斗的事业。程莘农说：“针灸是一门科学，深奥的科学。我的任务不仅仅是用这小小的银针为病人祛病，更重要的是研究这门科学，培养大批继承和发扬中医针灸这一瑰宝的学科型人才。”

程莘农从在江苏省中医进修学校任教到担任中国中医科学院博士研究生导师和师带徒导师；从培养国内针灸人才到面向国际，为来自世界106个国家的近万名外国学生传授博大精深的针灸学，倾注了大量的心血。半个世纪以来，程莘农为国家培养了一批批有较高理论水平的中医师和20多名针灸学硕士研究生、博士研究生，他们当中的大多数人都已成为我国针灸学科的学术骨干、科研型人才和中医学科的带头人。程莘农几十年如一日，负责中国中医科学院针灸教学与科研，主攻针灸治疗功能性子宫出血、中风、三叉神经痛等病证，并取得了重大进展。他主编了《中国针灸学》、《简明针灸学》、《针灸挂图》等多种高等中医院校的统编教材及学术专著，对针灸学的继承和发展起到不可估量的示范和推动作用，为针灸学的教育科研和国际传播作出了开拓性贡献。

在教学中，程莘农很少说教，多数情形下是“做给你看”。前些年，一名外地研究生来针灸所进修学习，也许是认为自己已经“有两下子了”，他表现得有点儿飘飘然。程莘农问道：“中医学讲 28 脉，你写给我看看?”该生费了半天劲，总共才写出 17 种。程莘农看后，不动声色，一口气将 28 脉全背了出来。从此，这名学生傲气全无。

一名即将毕业的研究生，拿着论文请程莘农修改。可偏偏那一阵子，程莘农患了白内障，看东西相当吃力，得凭“听声儿”才能知道是哪位学生来找他。“念给我听！”程莘农大声说道。于是，该生将两万多字的毕业论文从头读到尾，程莘农则坐在一旁全神贯注地听。文章读完了，他的指导也开始了：这儿提法不妥，这儿需要补充，这儿显得啰唆……逐字逐句，无一遗漏。学生瞪大眼睛，惊叹不已。

听过程莘农讲课的人都说，程莘农的课生动、吸引人。如讲到补中益气法时，他会把“百会”比“升麻”，“大椎”比“柴胡”，“气海”比“黄芪”……轻而易举地让你明白针灸与中药有异曲同工之妙。讲到持针刺法时，他会用“手如握虎”、“伏如横弓”形象比喻指实腕虚、气随人意的用针意境……而著名的“程氏三才进针法”，在针刺技巧上集点穴、押指、穿皮、进针于一体，要领凸显，便于掌握，教学效果十分显著。

程莘农的学生多已成才。前不久，他的两名弟子杨威和王宏才刚刚完成了一项“水木睛华”项目的研究，揭示了“累从眼入”这一科学新发现，强调眼睛累是全身疲劳的发源地之一，又是全身疲劳的主要表现之一。王宏才博士是程莘农的关门弟子，是著名的糖尿病专家。王宏才的新作《糖尿病专家新见解》问世以来一直是医学健康类畅销图书，并获得2006年度科普图书著作奖。

20世纪80年代初，程莘农开始将针灸推向世界，他带着自己的针灸技艺走出了国门，访经17个国家的60多个城市。在他的大力宣传下，针灸作为一种没有手术创伤和药物毒副作用的自然疗法，备受追求自然健康的人们青睐。每到一地，程莘农都要讲起针灸，口若悬河，滔滔不绝。他凭借着深厚的学术功底和渊博的知识，随时都能引经据典，驳斥谬论，旁征博引，讲解针经。一次在法国一个聚集了两千多人的大厅里，程莘农将脉诊从理论讲解到实际验证，让在场的听众无不喝彩，无不为针灸加分。最后，一位年轻的女士竟伸出手来让程莘农号脉判断她肚里怀着的孩子是男是女。尽管程莘农已经很客观地讲了中医脉诊的应用范围，但是，众人注目之下，艺高人胆大的程莘农接受了这次挑战。几分钟过后，程莘农的回答与B超的诊断完全一致。程莘农不同凡响的身手，又一次赢得满堂掌声。

巴西一位大使夫人患坐骨神经根炎，疼痛如煎，用了很多办法都难以缓解。于是，程莘农被请到巴西使馆。见到病人，程莘农不发一言，屏息调律，切住病脉，沉思片刻，便取出四根熠熠银针……半小时后，大使夫人病痛骤减，竟能下床活动，在场的人无不感叹这小小银针之神奇。

现在，中国针灸已在国际上得到认可，在

美国已有40多个州承认了针灸的合法地位。世界卫生组织每年都委托中国中医科学院国际培训部培训定量的外国针灸医生。作为国际培训部的主任，程莘农教过世界各地的学生，其中还有一位瑞士的前总理，他说自己以前就是医生，不当总理了可以继续做医生，而且要加入针灸大夫的行列。

从20世纪80年代开始，20多年间，程莘农精心带教过200班次的国内外针灸培训班，培养的中外籍硕士、博士及其他学生遍布世界很多地区，可谓桃李满天下。他总结出了一套既不失中医特色，又简单易于让人接受的教学方法。比如他提插捻转并施，三才运针法，在“一、二、三”声中，外籍学生不但一目了然，而且能立即感受到得气的神奇作用。这一招很快使有文化差异或抱有疑惑态度的留学生对针灸学习信心倍增。程莘农非常强调实践，在他主持的国际教学中，3个月的初级班能让学员掌握25种病的针灸治疗，3个月的高级班能让学员学会诊治40种病。20多年过去了，提起当年，程莘农对许多留学生依然记忆如新。给他印象最深的是一位前苏联学生，叫卡强。说起这个特别机灵懂事的小伙子，程莘农道："他到我这里学了一年，不但勤奋学习，还知道按中国的规矩来去都向老师汇报一下。他回国后把针灸在他们国内普及得很好，现在已经是俄罗斯针灸学会的主席了，每年都给我寄贺年卡。"

程莘农曾打趣道："我在国外比在国内有名气。"的确，由他主编的《中国针灸学》英文版，至今仍然是包括美国在内的众多国家针灸医师资格考试的依据，是目前留学生针灸培训最权威的教材。而且，来北京学习中医的外国学生通常都会买上一本，在毕业时，如果能得到程莘农在扉页上签名或索得程莘农所书的"针灸传扬"一幅字，那将被他们视为北京之行的重要收获。

在国外针灸机构的设立方面，程莘农也花费了大量的心血。他是美国美东中医针灸师联合会名誉理事、南斯拉夫针灸学会名誉主席、挪威针灸学校名誉校长……

由于程莘农在国内外针灸教学上作出了重要贡献，1986年他获得中国中医研究院“优秀教师”奖及卫生部医学科学委员会颁发的“荣誉证书”，1988年获中国中西医结合研究会“荣誉教师”证书，1990年获北京市总工会等四家单位联合颁发的“健康卫士杯”奖。2000年前，程莘农还兼任中国国务院学位委员会医学评议组成员、中国针灸学会副会长、中国国际针灸考试委员会副主任委员、中国医学基金会常务理事、中华针灸进修学院名誉院长、中国老年学会传统医学分会理事长。

1958年，由原卫生部部长钱信忠主持，在上海召开了全国首届经络针灸学术研讨会。这是一次重要的针灸会议，程莘农是这次会议学术方面的负责人，任论文审查组组长。时隔40年，1997年11月1日，在北京又召开了一次世界性的针灸盛会，即庆祝世界针联成立10周年暨世界针灸学术大会。这次大会在世界卫生组织和中国卫生部、国家中医药管理局等政府部门的支持下，云集了世界各地1500名代表。又是程莘农做本次大会学术委员会的主任委员。历史的巧合往往容易激发起人们的感慨，如今已不同以往，针灸科学已经登上了大雅之堂，世界卫生组织在支持推广针灸，很多国家的针灸学会也相继成立，成千上万的针灸师遍布世界各个角落，针灸以其独特的优势在为21世纪“人人享有保健”的宏伟目标作出贡献。面对这次空前的盛会，面对许多过去的学生和曾经一起奋斗过的同仁，程莘农欢欣鼓舞，无比宽慰。

程莘农不仅是一位在针灸学上颇有贡献的资深学者和专家，还是全国政协委员、中央文史研究馆馆员、中国书法家协会会员、北京市中国画研究会会员。他深受家庭雅儒之风的影响，4岁诵读诸子，6岁临帖百家，幼年习得一手好字画，在淮阴城是小有名气的“孩童书法家”。1947年参加中华全国美术会、上海市中国画会，与徐悲鸿、张大千等名家同在一个画会。程莘农擅书法，兼作绘画、篆刻。曾用名：希伊；号：人间闲人；堂名：二陆春斋、梅花草堂、暗香楼、丛桂轩、望岘山房。他的书画作品多次参加国内展出，有些作品被收刻于古城开封的“翰园”碑林或收录于《中国书法艺术大成》，还有《程莘农篆刻偶存》等作品出版。

程莘农自幼入私塾习练书法，对真、草、隶、篆、行各家碑帖及不同翰墨流派皆有较深研究。他的笔墨大小皆精，大者能展方丈，小者则如蝇头。他家中珍藏一卷他20多岁时花半年时间写就的蝇头小楷《唐诗别裁》，洋洋数万字，笔墨连贯，气韵流畅，令观者称奇感叹。据说末代皇帝溥仪的卧室内就挂有程莘农的墨迹，著名的日本索尼公司的牌匾题字也出自程莘农之手！中国中医科学院专家门诊部至今还使用着他早年题就的“挂号处”、“收费处”及“药房”几个大字，墨迹遒劲飘逸，运笔之功力可见一斑。

中国北京国际针灸培训中心每年要培训外国留学生500～600名。每次结业，程莘农都要询问学生的具体人数，为的是临走时送他们每人一份小小的礼物——他自己的书法作品。洋学生们自是喜出望外，可是他们哪里知道，这些作品全都是程莘农一笔一笔写就的。

程莘农家四壁上悬挂着不少名人字画，但吸引人们的却是他家中的门帘。绸布门帘上题有他写的“暗香楼”三个大字，笔墨酣畅自如，只是因为置身门帘之上，被摸来摸去，免不了沾些污迹。看到这个门帘的人都不禁替程莘农惋惜，可程莘农却在一旁笑着，一副满不在乎的样子……闲来写上几笔，是程莘农最大的消遣。虚与实、深与浅，书法的深厚功力又使他对针灸有了更深入的理解。他有一枚跟随了他70多年的非常珍爱的图章“一医流耳”，每有得意之作，他都会郑重地印上这枚图章。程莘农虽喜翰墨飘香，但在内心深处却始终把医者的事业和追求奉为最高境界。

程莘农年逾八旬，鹤发童颜，一缕白须抖擞，一身仙风道骨的灵逸。和后辈们亲切笑谈人生曾经的大风大浪，细节历历，犹似昨日，那种心境的超然，历经风浪后的坦荡，令人钦佩。谈起养生，程莘农会立即谈起针灸和中医。他笑问：你们知道有一类穴位叫做“阿是穴”吗？为什么叫阿是穴呢？唐代名医孙思邈在一次给病人诊疗时，按到一个经外的部位，病人大叫：“啊，是!”于是，他便将这一类不属于十二正经和奇经八脉、没有固定位置、但临床上又能反映疾病的穴位统一称做“阿是穴”。此刻，人们似乎明白了，养生最大的境界往往不在于物质的多寡，而在于心境，在于对追求目标的热爱。中医，针灸，天地无限，心中有爱才是最好的养生。半个世纪手持银针，治病救人，对针灸事业的执著追求和兢兢业业是程莘农生活的全部快乐。针灸已成为他生命中不可或缺的一部分，追求中的快乐才是最好的养生。程莘农经常哼唱起初学针灸时自己用京剧曲调编成的经穴歌，仿佛重回当年。

程莘农的居处简单至极，形同蜗居，令人惊讶。一床一桌一电视，两椅两窗两字画，三面书墙三把针，就是全部了。这位古朴而又不乏雅趣的老人，满足于外在小世界，也安享着心灵大世界，真是睿智。在程莘农看来，养生是一种状态，中医的养生首要的是心静。程莘农爱发火是众所周知的，他经常在公开场合与人争论时拍桌子。谈到发火的问题，他自嘲地说:“我发出了火才能静，爱发火却不真生气，嘿嘿……”

程莘农笑着说:“我没有什么养生秘诀，除了每天上下班来回走路，随自己的性子练练气功，从不刻意地健身。”不过他还是总结出自己的三个习惯：一是不生气，二是吃饭九成饱，三是不轻易改变原有的生活习惯。“要想小儿安，须留三分饥与寒”，这句话对所有人都适用。程莘农说:“我每顿只吃九成饱，就是要让肚子里不要有滞，这样就算感冒也不会有大问题；而如果每顿吃太多，消化不了的东西就会在肚里产生滞，一旦感冒就会很麻烦。”

像陀螺般的作息习惯，程莘农几十年如一日地坚持着。他说:“所有长寿的老人生活习惯没有一样的，有人吃素，有人吃肉。最重要的就是不轻易改变这些已经形成的习惯。”说到这儿，程莘农话锋一转，谈到了中医的养生问题。他在学术研究中，把中医未病先防作为一个重要内容，并且身体力行。《内经》中就有“治未病”的思想，强调“防患于未然”，对于指导养生具有重要的现实意义。程莘农把养生归纳为：生活规律，劳逸有节；调养精神，心情愉快；以动制静，增进体质。在生活规律，劳逸有节的基础上，程莘农强调精神的调养，使精力充沛，精神饱满而愉快。尽量减少不良的精神刺激和过度的情志变动，对防止或减少疾病的发生，无疑具有十分重要的意义。程莘农在事业上是强者，在生活上无所嗜求，真正做到了“恬淡虚无，真气从之”，达到了“精神内守，病安从来”的境界。

程莘农虽到耄耋之年，但犹有壮容，这与他善于活动锻炼有很大关系。他常说：人体通过运动和适当的劳动，不仅能够促进血脉流通，关节灵活，并且可使气机调畅，从而增强机体的抗病能力，提高健康水平，防止和减少疾病的发生；同时，对于某些疾病也有一定的治疗作用。程莘农平日进行气功锻炼，不受时间、地点、形式约束，随心所欲。汉代著名医家华佗创编的五禽戏，以及后世形成的太极拳、八段锦、易筋经等多种健身方法，他都提倡，但认为宜体会其实质，而不效仿其形式。

90岁高龄的程莘农对针灸有着难以割舍的挚爱，按他的话说，一天见不着银针，心里就空落落的。面对程莘农院士，聆听他浓浓的乡音，追寻他奋斗的足迹，品味他做人的道理，不知不觉中，你会被他内心深处那份无私和执著所打动。

程莘农的斗室中放满了各类书籍和杂志，有《中国针灸》、《上海针灸杂志》、《国外医学·中医中药分册》、《中国临床医生》、《新中医》……品种还真不少！程莘农每年自费订阅10多种中医期刊，还订有《参考消息》、《求是》等报刊。别看程莘农上了年纪，医事、国事、天下事，他事事关心。说到现在中医发展的一些现状，他总是滔滔不绝……

2009年，程莘农的名字出现在由人力资源和社会保障部、卫生部、国家中医药管理局评选出的首届30位国医大师的行列中。被评为国医大师，体现了国家对程莘农这样的中医杰出人才的重视和肯定，也反映了人民群众对他的爱戴与尊敬。同年，国务院又出台了《关于扶持和促进中医药事业发展的若干意见》，为中医药事业在新世纪更好更快发展提供了坚实的政策保障。程莘农为之执著奋斗一生的事业又迎来了新的曙光。

（撰稿人　彭维民）

《中华中医昆仑》丛书 150 位医家名录

（按生年排序）

张锡纯	丁甘仁	萧龙友	王朴诚	恽铁樵
曹炳章	冉雪峰	谢　观	施今墨	汪逢春
孔伯华	黄竹斋	吴佩衡	蒲辅周	陈邦贤
李翰卿	李斯炽	姚国美	陆渊雷	张泽生
时逸人	张梦侬	叶橘泉	王聘贤	陈慎吾
邹云翔	赵炳南	承淡安	余无言	刘惠民
岳美中	沈仲圭	秦伯未	赵锡武	韦文贵
程门雪	黄文东	赵心波	董廷瑶	吴考槃
章次公	石筱山	陆南山	张赞臣	李聪甫
刘绍武	陈存仁	朱仁康	陆瘦燕	姜春华
韩百灵	高仲山	李克绍	王鹏飞	刘春圃
金寿山	哈荔田	何世英	周凤梧	干祖望
关幼波	王为兰	任应秋	罗元恺	祝谌予
杨医亚	郭士魁	何时希	耿鉴庭	俞慎初

裘沛然	顾伯华	江育仁	邓铁涛	门纯德
刘渡舟	尚天裕	朱良春	李玉奇	程士德
尚志钧	赵绍琴	董建华	米伯让	李辅仁
张珍玉	班秀文	颜正华	于已百	颜德馨
路志正	方药中	王乐匋	黄星垣	谢海洲
余桂清	何　任	王子瑜	程莘农	陈彤云
焦树德	张作舟	张　琪	李寿山	张镜人
王绵之	方和谦	印会河	王玉川	蔡小荪
李振华	马继兴	王嘉麟	宋祚民	刘弼臣
王雪苔	刘志明	吴咸中	李今庸	任继学
裴学义	王宝恩	周霭祥	贺普仁	唐由之
赵冠英	许润三	金世元	陆广莘	刘柏龄
徐景藩	吉良晨	吴定寰	沈自尹	王孝涛
张灿玾	周仲瑛	强巴赤列	张代钊	李经纬
郭维淮	柴松岩	苏荣扎布	陈可冀	李济仁
夏桂成	郭子光	巴黑·玉素甫	张学文	陈介甫